AF355913

LA NOUVELLE

POUDRE A CANON

ÉVREUX, A. HÉRISSEY, IMP. — 1865.

LA NOUVELLE
POUDRE A CANON

DITE

POUDRE SCHULTZE

ET

SES AVANTAGES SUR LA POUDRE A CANON ORDINAIRE
ET AUTRES PRODUITS ANALOGUES

PAR

L'INVENTEUR DE LA NOUVELLE POUDRE CHIMIQUE

ÉDOUARD SCHULTZE

Capitaine de l'artillerie prussienne, Directeur de la fabrique de poudre brevetée,
de Potsdam

TRADUIT PAR W. REYMOND

PARIS

CH. TANERA, ÉDITEUR

LIBRAIRIE POUR L'ART MILITAIRE, LES SCIENCES ET LES ARTS

RUE DE SAVOIE, 6

1865

INTRODUCTION

—

Depuis une vingtaine d'années, le grand mouvement industriel qui a été la conséquence de l'application de la vapeur à la locomotion a fait faire à la mécanique, à la technique civile ou militaire de tels progrès qu'on a dû finir par s'apercevoir qu'une des forces les plus importantes des temps modernes, celle qui a contribué en grande partie à notre civilisation, la force portative par excellence : la poudre à canon, avait cessé d'être à la hauteur de la science et persistait seule à conserver la forme et les éléments qu'elle avait reçus de son inventeur il y a plus de cinq siècles. On crut remédier à ses vices toujours plus saillants, dans l'industrie, en cherchant à lui substituer des compositions fulminantes, dans l'art militaire, en perfectionnant les instruments de tir. Mais c'était faire fausse route.

En cherchant dans les mines à lui substituer d'autres produits explosifs, on oubliait les avantages inappréciables de l'ancien produit, sa souplesse, sa variété de forme et d'intensité. Dans l'art militaire, en ne faisant que perfectionner les armes, on se préoccupait des effets sans s'attaquer à la cause.

L'auteur de cette brochure, employé d'abord comme officier d'artillerie à la fabrication des armes, puis appelé à diriger la fabrique royale de poudre de Spandau, en Prusse, ne tarda pas à reconnaître que le besoin d'une force explosive nouvelle était en effet urgent, mais qu'il ne fallait songer à la chercher que sur la base du passé, c'est-à-dire en s'appuyant sur la poudre noire, tout insuffisante qu'elle soit, en conservant toutes les bonnes qualités qui lui ont valu cinq siècles d'existence, et en y ajoutant celles qui lui manquent pour la placer à la hauteur des progrès et des exigences de notre époque.

Frappé, d'un autre côté, du plus grave de tous les inconvénients de la poudre noire, du danger constant qui accompagne sa fabrication, son transport, sa conservation dans les poudrières, il s'est demandé si, dans un siècle éclairé et humain comme le nôtre, il était permis d'exposer tant de vies d'hommes à un danger constant pour se procurer la force portative, et s'il n'était pas possible de découvrir une combinaison qui n'eût pas ces terribles inconvénients.

Au bout de dix ans de recherches et de travaux, il est arrivé à résoudre la tâche qu'il s'était imposée. Il croit avoir découvert une combinaison tout aussi forte que la poudre noire, tout aussi malléable, tout aussi apte à se prêter à toutes les formes et à toutes les intensités de force désirables, et dépourvue en outre de tout danger dans la plus grande période de sa fabrication, pouvant être conservée sans menace d'explosion dans les poudrières ou les sainte-barbes, et ne donnant qu'une légère fumée qui se dissipe instantanément et la rend essentiellement apte aux travaux des mines. Si, de plus, nous ajoutons que ce produit est à meilleur marché que la poudre noire, on conviendra que nous avons le droit d'espérer qu'il est appelé à remplacer celle-ci dans tous ses usages. Cette composition, rationnellement poursuivie et découverte, n'est donc point un produit fortuit amené par le hasard. C'est par l'étude logique des forces chimiques que l'inventeur y est arrivé. En sa double qualité d'artilleur et de technicien, il n'a cessé, dès le départ, d'avoir en vue le but même qu'il a atteint.

Maintenant que sa tâche est accomplie. que la fabrication du nouveau produit a lieu sur une grande échelle et que celui-ci est favorablement accueilli du public pour les usages divers auxquels il se prête, l'inventeur pense qu'il est temps de faire connaître en France la marche de ses idées, afin que chacun puisse apprécier à sa juste valeur l'importance et la nécessité de la nouvelle découverte.

La présente brochure est destinée à exposer les raisons qui ont amené l'inventeur sur la voie des recherches, et le chemin qu'il a parcouru pour arriver à un résultat complet. Les témoignages mentionnés à l'appendice prouveront qu'il ne s'en est point tenu à de pures théories, et que les résultats pratiques, jusqu'à présent obtenus, appuient et légitiment l'espérance qu'il a de voir un jour la nouvelle poudre se substituer à tous les usages de la poudre noire.

I

LA POUDRE NOIRE [1]

—

On appelle *poudre à canon* un mélange granuleux de salpêtre, de soufre et de charbon. Une fois enflammées, ces matières se décomposent l'une l'autre, en produisant une grande quantité de produits gazeux dont le volume, influencé par l'énorme production de chaleur, devient infiniment supérieur à celui du mélange granuleux. Si donc on enferme ce dernier aussi hermétiquement que possible et qu'on y mette le feu, les gaz, rendus extensibles par la chaleur, trouvant partout de la résistance, exercent sur les parois de leur prison une pression qui tend à les faire éclater, ou, si l'une des parois est formée par un corps lourd et mobile, à le chasser violemment en produisant un effet de tir.

Ainsi donc, l'effet de la poudre à canon est de produire une pression sur les parois qui la renferment, ou bien cette

(1) Nous désignons sous ce terme la poudre à canon ordinaire pour la distinguer de la nôtre, qui est couleur bois.

pression est le résultat de la *force* contenue dans la poudre à canon.

Ce que nous trouvons dans la poudre à canon, c'est donc une force qui augmente d'autant plus qu'elle est plus fortement renfermée, de même que la vapeur, que la force produite par l'air comprimé ou par l'eau comprimée.

Toutes les forces sont en état de faire éclater les parois qui les enferment dès que la pression qu'elles exercent est supérieure à la résistance de ces parois. Les avantages de la poudre à canon sont uniquement les suivants : c'est que cette force produit instantanément des résultats énormes, qu'elle est facile à transporter, qu'elle peut être employée partout dans les quantités les plus variables, qu'elle peut être produite au moment voulu, et que, sans avoir recours à des machines particulières, on n'a qu'à la mettre en contact avec une étincelle pour la faire sortir du mélange granuleux qui la contient.

Force admirable! sublime invention! sans aucun doute.

Si maintenant nous entreprenons de soumettre cette force à la critique, nous aurons d'abord à nous occuper de son origine, de sa fabrication. Nous nous demanderons si le tribut que l'homme doit payer pour se la procurer est en rapport exact avec les services qu'il en attend?

Constatons d'abord que la fabrication de la poudre à canon est excessivement dangereuse. On sait combien cette force, qui est devenue si utile à l'homme et qui lui devient tous les jours plus indispensable, peut être nuisible et combien de malheurs elle peut causer dès qu'elle se développe spontanément et sans la volonté de l'homme. C'est sur le danger constant de ce mélange granuleux, surtout au moment de sa fabrication, sur les calamités qu'il peut amener, au moindre hasard, lorsqu'il est accumulé, que nous attirerons d'abord l'attention.

La fabrication de la poudre à canon est dangereuse dès son début. Du moment que les trois éléments du mélange sont en présence, le danger devient imminent pour les ouvriers comme pour l'entourage, et demeure tel à travers toutes les phases ultérieures de la fabrication.

Les opérations elles-mêmes sont simples et n'exigent l'emploi d'aucune machine compliquée; au contraire, les instruments les plus simples, tels que moulins, mortiers, cribles, presses, appareils de séchage, suffisent à cette fabrication. Mais toutes ces opérations sont dangereuses, et cela, d'autant plus qu'elles ne laissent pas un instant le mélange en repos, mais l'exposent à des mouvements violents, à des frictions, à des chocs, à des pressions, sans permettre l'emploi de moyens qui puissent endormir momentanément cette force toujours en éveil.

Une fois le mélange des trois éléments terminé, il s'agit de lui donner la forme granuleuse. Toute la fabrication consiste à arriver à la création du grain, qui doit être ferme, durable et autant que possible poli. La forme granuleuse a pour résultat de produire dans l'entassement de la poudre des espaces qui, par la combustion, rendent momentanée la solution de la masse en gaz. Plus les espaces tendent à diminuer, plus les particules se rapprochent, plus lentement aussi ont lieu la combustion et le développement des gaz.

Afin d'arriver à produire cette granulation, il faut que la masse de poudre soit promenée de lieu en lieu pendant quinze jours, jusqu'à ce qu'elle ait reçu sa forme définitive. Jusqu'à nos jours, la granulation est regardée comme absolument nécessaire, et c'est en vain qu'on a tenté par tous les moyens de l'éviter. Si la masse seule pouvait être employée telle quelle, la fabrication en deviendrait beaucoup plus rapide et le danger n'existerait plus qu'en un seul point. Mais le mélange primitif seul ne peut être employé, parce qu'en suite du mouvement, des secousses qui lui seraient imprimées, les parties les plus légères se sépareraient des plus lourdes, et qu'ainsi l'homogénéité de la masse s'en trouverait altérée. Récemment même et depuis qu'on a fait des cartouches de poudre comprimée — pour le tir comme pour les mines — on a dû se servir à cet effet de poudre granuleuse, afin d'être sûr de ne pas risquer de soumettre à la pression une poudre hétérogène.

Ainsi, pour arriver à former un mélange granuleux homogène de salpêtre, de soufre et de charbon, il faut passer par la série de travaux suivants, pendant lesquels le danger d'explosion ne cesse d'être imminent :

La formation de la masse primitive,

La granulation,

La politure,

Le séchage.

La formation de la masse primitive a lieu par la division et le mélange des matériaux, auquel mélange on donne toute la densité possible. Quant au but final, on le sait, c'est la formation du grain. A cet effet, quel que soit le procédé de fabrication, il s'agit d'avoir une masse ferme et homogène, une espèce de gâteau ou bien une masse *pilée*. Pour arriver à former cette masse, il faut humecter soigneusement la poudre afin d'éviter une combustion spontanée. Ensuite on peut procéder à la formation du grain.

Celle-ci, dont nous avons reconnu la nécessité, est la cause de la lenteur inévitable de la fabrication et en même temps des nombreux cas d'explosion auxquels les poudrières sont exposées. On n'a pu en effet trouver jusqu'à présent un moyen de diminuer ce danger. La quantité d'eau qu'on ajoute à la masse à cet effet ne peut dépasser certaines limites, au delà desquelles elle dissoudrait complétement le salpêtre. Ce mélange d'eau a d'ailleurs l'inconvénient d'empêcher la formation d'un produit parfaitement homogène, car tandis que l'eau dissout quelques parties du salpêtre, d'autres restent sèches. Or, on comprend que dès que la masse cesse d'être homogène on ne puisse arriver à la régularité de l'effet.

Si nous passons seulement au détail de la fabrication, nous aurons les observations suivantes à faire.

Il est en général à peu près égal que le mélange se fasse au moyen de mortiers, de tambours ou de rouleaux.

Dans les deux derniers cas, il a lieu à l'état sec, et la condensation se fait au moyen de rouleaux ou de presses hydrauliques. Lorsqu'on se sert des premiers, l'opération du mélange a lieu en même temps qu'on humecte la masse et qu'on la condense. Quelles que soient les précautions qu'on observe, malgré les règlements les plus sévères, les explosions se renouvellent sans cesse, et ce n'est qu'au prix d'un grand nombre de vies d'homme qu'on peut arriver à jouir de l'emploi de la force contenue dans la poudre à canon.

Les explosions ont lieu, pour la plupart, sans la faute de personne, sans qu'il y ait négligence de la part des ouvriers et d'une manière toute spontanée. La moindre particule de sable ou de pierre, le moindre hasard humainement impossible à prévoir peut amener subitement une explosion.

La formation du grain elle-même, qu'elle ait lieu au moyen de cribles ou par le procédé Congrève (les deux méthodes les plus employées), n'est pas moins dangereuse. La méthode Champy, la plus rarement mise en pratique, présente un danger moindre, parce que le mélange primitif

placé dans un tambour tournant se trouve constamment
humecté à travers de petits trous pratiqués dans l'axe de
l'instrument, ce qui maintient le mélange dans un état d'humidité qui le rend moins explosif.

Enfin le polissage n'est pas moins exempt de danger. Ici,
comme dans l'opération précédente, la cause principale des
nombreux accidents qui arrivent à peu près annuellement
est la grande combustibilité de la poussière noire qui entoure
les machines, les tambours et remplit tous les bâtiments de
la fabrique.

D'après ce qui précède, on voit que le procès de la fabrication de la poudre exige un temps assez long. Si l'on ajoute
au danger des opérations elles-mêmes celui causé par le
mouvement continuel qui a lieu dans la fabrique, le transport du matériel explosif d'un bâtiment à un autre, on conviendra qu'il faut payer d'un rude tribut la force contenue
dans la poudre à canon.

Ainsi, au point de vue du danger, la fabrication de la poudre, telle qu'elle a eu lieu jusqu'à aujourd'hui, doit être
absolument rejetée, et l'on s'étonne que l'esprit humain n'ait
pas songé depuis longtemps à découvrir une force analogue
dont la fabrication n'ait du moins pas ces terribles inconvénients.

La critique de la poudre à canon nous amène à une autre
question, cette fois purement économique : Quelle est la
force réelle obtenue au prix de tant de dangers et de sacri-
fices ? Est-elle en rapport exact avec les matériaux employés à sa fabrication et ceux-ci s'y trouvent-ils rationnellement employés?

Il suffit d'examiner la composition de la poudre noire et la
manière dont elle se comporte dans la combustion pour reconnaître que sa force réelle n'est nullement en rapport avec

les matériaux employés. La composition de la poudre à canon,
en y comprenant la poudre de mine, est à peu près la sui-
vante :

    a. Charbon, varie entre 9 p. 100 et 25 p. 100.
    b. Soufre,   —   9 p. 100 et 25 p. 100.
    c. Salpêtre,   —   50 p. 100 et 79 p. 100.

Ces limites se rétrécissent si l'on met à part la poudre de
mine, qui exige beaucoup plus de soufre et de charbon.
Ainsi, pour la poudre à canon seulement, on aura :

    a. Charbon,   entre   9 p. 100 et 18 p. 100.
    b. Soufre,   —   9 p. 100 et 18 p. 100.
    c. Salpêtre,   —   69 p. 100 et 79 p. 100.

D'après ces proportions on voit aussitôt que le contenu
principal de la poudre à canon est le salpêtre. Ce fait ressort
davantage si l'on considère que les plus fines qualités de
poudre de chasse, c'est-à-dire précisément celles qui contiennent la force la plus intensive, contiennent la plus grande
proportion de salpêtre : de 76 p. 100 à 79 p. 100. Partout
où le charbon et le soufre dépassent le 15 p. 100, la force
qui résulte de ce mélange est fort inférieure, et cependant
elle est employée pour les mines depuis des siècles, au grand
dommage de ceux qui s'en servent. Si l'on prétend qu'une
poudre ainsi constituée, avec beaucoup de soufre et de charbon soit plus intense, on se trompe, si ce n'est peut-être dans
le cas où les parois de la mine sont très-dures, et encore,
dans ce cas-là, il arrive souvent que la force de la poudre, à
cause du petit calibre des trous usités jusqu'à présent, soit
insuffisante. Le fait est que la poudre qui possède la force la
plus intense, c'est-à-dire qui fournit la plus grande quantité
de gaz expansifs dans le plus court espace de temps possible, est et doit être la meilleure qualité de poudre, celle qui
se rapproche le plus de la bonne poudre de chasse et qui
contient le plus de salpêtre. On reconnaîtra la vérité de cette

assertion en prenant en considération la plus idéale des
forces, le coton-poudre. Le coton-poudre, dont la forte préparation contient la plus grande proportion d'acide nitrique,
répond aux exigences les plus audacieuses ; car il brise im-
pitoyablement toutes les parois possibles ; il est essentiellement *force* des pieds à la tête, sans mélange, sans compen-
sation.

Si nous comparons les produits de combustion de la meilleure poudre de chasse, la force impulsive par excellence,
nous trouverons qu'ils consistent en :

    1. Gaz impulsifs.
    2. Fumée.
    3. Encrassement.

Pour le moment, nous n'avons pas besoin d'entrer dans le
détail de ces produits ; il suffit de savoir que ceux d'entre eux
qui sont solides, c'est-à-dire la fumée et l'encrassement, ont
aussi la plus grande pesanteur et forment plus des deux tiers
du mélange, tandis que de fait un tiers seulement fournit des
gaz impulsifs. Que l'encrassement renferme seul du sulfate
ou du carbonate de potasse, et que l'on y trouve encore
d'autres combinaisons entre les éléments solides et fluides,
c'est aussi peu important que la composition de la fumée
elle-même vis-à-vis de la question que nous nous sommes
posée, à savoir : si les matières qui entrent dans la fabrication
de la poudre sont employées d'une manière rationnelle. Ici
c'est la proportion quantitative qui est décisive, et d'après
ce qui précède nous voyons qu'un tiers seulement du mélange fournit la force, tandis que deux tiers forment un ballast importun. Ce ballast entre cependant fatalement dans le
prix de la poudre noire. L'oxygène et l'azote du salpêtre produisent seuls de l'effet, tandis que, sur cent parties de salpêtre, les trente-huit parties de potasse n'ont aucune influence

sur l'augmentation de la force. Si l'on y ajoute les 12 p. 100 environ de soufre qui ne fournit pas davantage de gaz impulsifs, on voit qu'une moitié du mélange granuleux se distingue soit comme résidu, soit comme fumée, de la masse formant des gaz. Il faut en retrancher encore les parties du charbon qui ne sont pas du carbone pur, ainsi que les combinaisons de l'acide carbonique avec la potasse, et d'autres combinaisons qui augmentent en partie le résidu, en partie la fumée. Ce n'est que lorsque les parois qui renferment la poudre sont très-fortes, comme dans les mines, qu'il se produit une plus grande quantité de gaz impulsifs ; mais dans ce but, au lieu d'employer la meilleure poudre, on emploie un produit spécial dans lequel on retrouve un excès beaucoup trop grand de soufre et de charbon et un manque de salpêtre qui diminuent à tel point la force que l'effet n'est plus du tout en rapport avec la masse absolue de la matière employée, puisqu'il y a tout au plus 22 p. 100 de gaz impulsifs dans toute la masse.

Il ressort donc de ce qui précède que tout acheteur de poudre de chasse noire qui, à coup sûr, n'achète de la poudre que pour la force qu'elle contient, est forcé de payer en même temps au moins deux tiers de ballast ; que celui qui achète de la poudre de mine ne reçoit, sur 1 quintal de mélange granuleux, que 20 à 25 livres de matériel impulsif, puisque les trois quarts et jusqu'aux quatre cinquièmes consistent en matières absolument superflues. La force demandée ne peut donc se produire et être employée qu'en emportant avec elle un tiers ou un quart de son poids de matières absolument inutiles.

Ce n'est donc pas en faveur de la poudre noire qu'on peut répondre aux questions proposées : Quelle est la force réelle fournie par le poudre noire au prix de tant de dangers ? Et cette force est-elle en rapport exact avec le matériel employé? La réponse la plus exacte est donc qu'au prix de tant de dangers on n'obtient qu'une très-faible quantité de force réelle qui n'est point du tout en rapport avec la masse de matières employées.

Examinons maintenant une troisième question : Cette force, telle qu'elle se présente à nous, est-elle suffisante et satisfaisante vis-à-vis de l'extension prise par l'industrie et l'art militaire à notre époque ?

Ici, une distinction est nécessaire; car, tandis que pour l'art militaire certaines conditions rendent plus difficile l'introduction d'une nouvelle force, parce que tout le développement des armes modernes est basé sur la poudre noire, au point de vue industriel, on peut considérer cette force au point de vue absolu et la juger sans scrupule.

Si nous la considérons d'abord au point de vue économique, nous reconnaîtrons que son avenir est puissamment menacé. Depuis quelques dizaines d'années on s'est efforcé de faire baisser le prix de la poudre en lui opposant la concurrence d'autres mélanges explosifs, et l'on y a en effet réussi. Le salpêtre, qui décide du prix de la poudre, ayant en même temps baissé de prix, grâce aux nouvelles méthodes de préparation, le mélange granuleux noir a pu sauver encore pour quelque temps son existence et, soutenu par la force de l'habitude, lutter non sans quelque succès avec ses rivaux.

Néanmoins, depuis que l'on commence à comprendre toujours plus clairement que l'industrie et l'économie sont intimement unies, on ne tardera pas, dès qu'on aura rencontré une force égale ou supérieure et surtout à meilleur marché, à abandonner complétement la poudre noire, malgré ses cinq siècles d'existence, et malgré la force de l'habitude.

L'augmentation des routes, l'immense développement de l'industrie minière rendent plus que jamais nécessaire l'emploi de la force contenue dans la poudre de mine, et rendent cette dépense de plus en plus onéreuse. Jusqu'à l'introduction des chemins de fer, tout ce qui touche à l'industrie était encore dans l'enfance. Qu'importait alors le prix d'une force pour laquelle on ne dépensait annuellement que quelques milliers de francs? Mais maintenant que les routes et les chemins de fer traversent les montagnes, que le produit des mines a pris l'immense développement que nous lui voyons de nos jours, maintenant il est temps d'examiner en quoi consiste cette force pour laquelle nous dépensons annuellement des millions, et de nous demander si elle est réellement en rapport avec ces chiffres énormes.

On ne comprend pas que les économistes, les financiers n'aient pas depuis longtemps arrêté leur attention sur ce point, et ne se soient pas appliqués de tout leur pouvoir à favoriser la création d'une force moins coûteuse! Seule, la force de l'habitude a pu les en détourner. Tandis que dans toutes les branches de l'industrie les progrès s'ajoutent aux progrès, les articles de commerce baissent tous les jours de prix, l'un des produits les plus importants et les plus chers, la force portative, maintient ses prix à la même hauteur! On sait que pour juger de l'état de l'industrie dans un pays on l'apprécie d'après le cours de l'acide sulfurique. Que l'on considère donc combien le prix de ce produit a baissé. Cette fabrication, qui date de quelques dizaines d'années, en est venue à passer du prix primitif de 5 fr. la livre à celui de 9 fr. — Seule, la poudre noire, dont le plus ou moins grand emploi peut aussi servir à caractériser le degré de richesse et d'industrie d'un pays, a conservé le prix élevé qu'elle avait depuis des siècles. Cette haute antiquité l'entoure encore à tel point de respect qu'elle la soustrait même à la critique de notre époque. Mais il est temps de lui enlever ce prestige et de démontrer tous les défauts que recouvre cette invention surannée.

On se demande involontairement comment il est possible que cette force ait pu seule résister aux entraînements du progrès et n'ait pu être remplacée depuis longtemps par une force nouvelle.

La cause en est dans le peu de développement qu'a pris le métier de la fabrication de la poudre. Nous disons le métier, car il n'est question ici ni d'un art ni d'une science. En restant, à cause de ses dangers, entre les mains d'un petit nombre, cette fabrication n'a pu devenir, comme tant d'autres, une industrie commune à tous. Exercée dans des lieux retirés, enlevée ainsi au commerce général, un très-petit nombre de personnes a pu songer à la perfectionner, et si l'on examine le peu de progrès qui a été fait dans ce sens, on ne s'étonne plus de ce que cette fabrication soit devenue un métier qui s'est perpétué par tradition, de père en fils, et qu'on ait conservé jusqu'à présent la recette primitive de Berthold Schwartz.

Et cependant, la poudre à canon étant un mélange de matières chimiques, il est nécessaire que sa fabrication sorte de l'empirisme et participe aux immenses progrès qu'a faits la chimie depuis près d'un demi-siècle.

Si, au lieu d'être un monopole, la fabrication de la poudre devenait une industrie générale, le besoin d'un changement ne tarderait pas à se faire sentir et nous serions bientôt en possession d'une force plus apte à l'usage général, et surtout à meilleur marché, au lieu de dépenser annuellement des millions de trop pour un produit qui n'est plus en rapport avec les exigences de l'époque.

Si nous en revenons à la composition de la poudre noire,
nous reconnaissons aussitôt combien il est fatal que l'oxygène
et l'azote qu'elle livre et qui sont nécessaires au développement de cette force aient pour base un produit beaucoup
trop cher, à cause de la potasse contenue dans le salpêtre,
laquelle ne fournit aucune force et ne fait qu'augmenter
considérablement le prix du salpêtre. Nous trouvons cependant les mêmes corps, et même une plus grande quantité
d'oxygène et d'azote dans le *nitrate de sodium*, qui est à
beaucoup meilleur marché et qui se trouve partout. Tous
les sels de sodium sont à meilleur marché que les sels de
potasse analogues; et néanmoins la poudre à canon est con-
damnée à naître de la combinaison des sels de potasse avec
le soufre et le charbon; et l'industrie, qui n'a besoin que de
la force produite, doit payer pour l'obtenir la matière la plus
chère et accepter pour le même prix des matières sans valeur qui restent attachées aux parois de rocher qu'on a fait
sauter ou dans l'intérieur des mines.

On ne peut nier qu'on n'ait fait quelques essais de fabrication de poudre avec le nitrate de sodium et qu'on n'ait
cherché le moyen de détruire l'attraction du nitrate de sodium, et partant de la poudre, pour l'humidité; mais on n'a
obtenu aucun résultat. Si l'on y avait réussi, on aurait obtenu un immense avantage économique dans la fabrication
de la force transportable; car on aurait pu arriver à livrer
au public une force analogue à moitié prix.

Une autre prodigalité dans la fabrication de la poudre,
prodigalité nécessaire il est vrai, c'est la carbonisation du
bois. Le bois contient en grande partie à peu près 90 p. 100
de carbone et d'oxygène, le reste est de l'hydrogène. Pour
la poudre il faut du carbone. Or, afin de retirer celui-ci du
bois, il est nécessaire d'en éloigner l'oxygène et l'hydrogène,

du moins jusqu'au minimum possible, au moyen de la chaleur, ce qui nécessite un emploi fort onéreux de combustible.
Ensuite, pour effectuer la combustion et l'explosion, il faut
de nouveau introduire de l'oxygène dans la masse. Ainsi
donc, pour constituer la poudre noire il faut obtenir d'abord
du carbone aussi pur que possible, chasser l'hydrogène du
bois et en ramener au moyen du salpêtre. C'est là un procédé tout à fait faux, tout sanctionné qu'il soit par le temps;
car il nous paraît plus exact d'employer immédiatement les
50 p. 100 d'oxygène contenus dans le bois.

L'introduction du soufre dans la fabrication de la poudre,
considérée au point de vue purement économique, est sans
importance.

Telles sont les observations à faire pour éclairer la question économique. Sur ce point nous avons reconnu l'extrême
faiblesse de la poudre noire, et le public qui fait les frais de
ces prodigalités en est, il faut le reconnaître, puni outre
mesure. Il est donc temps de songer à fournir au public, à un
prix plus rationnel, une force dont le besoin devient tous les
jours plus répandu et plus impérieux.

Examinons maintenant si, au point de vue hygiénique, la
poudre à canon répond aux exigences et aux progrès de
notre époque.

Ici aussi nous aurons à répondre par la négative. L'emploi du soufre, qui jusqu'à présent a été inévitable dans la
fabrication de la poudre à canon, est la cause des princi-
pales plaintes qui s'élèvent tous les jours contre ce produit.
Parmi les éléments qui constituent la poudre, le soufre et la
potasse sont, ainsi que nous l'avons vu, ceux qui ne fournissent aucun gaz explosible et qui ne figurent dans la masse
que comme agents producteurs de la chaleur; mais ils font
payer cher le mince service qu'ils ont à rendre; car ce

sont les combinaisons qui se forment entre le soufre et l'oxygène, c'est-à-dire les divers degrés d'oxydation du soufre ou de la potasse, ainsi que les combinaisons des deux éléments du soufre et de la potasse entre eux, qui produisent l'odeur si nuisible aux organes de la respiration et détruisent la santé des ouvriers, surtout dans les endroits où le changement d'air n'a pas lieu suffisamment. En outre, il se produit dans ces mêmes endroits, à cause de la pesanteur spécifique de la fumée, qui est en grande partie un composé de combinaisons gazeuses de la potasse avec l'acide sulfurique et l'acide carbonique, un obscurcissement de l'atmosphère tel qu'il faut parfois laisser s'écouler un grand espace de temps jusqu'à ce qu'on puisse de nouveau s'approcher des mines et recommencer les travaux. C'est là la cause de la maladie appelée *maladie des mineurs*, qui amène souvent la *phthisie* ou le marasme.

Cet inconvénient de la poudre noire, le plus connu à cause des nombreuses plaintes auxquelles il donne lieu et de l'attention que lui prête le corps médical, est donc des plus graves. Si, à cet égard, la force de l'habitude est merveilleuse, au point que les ouvriers oublient le danger auquel ils savent fort bien qu'ils s'exposent et même semblent se trouver fort à l'aise au milieu de l'épaisse fumée de la poudre, ce n'en est pas moins un mal contre lequel il faut réagir à tout prix et qu'on doit regarder comme l'un des vices les plus grands de la poudre noire.

Si maintenant, après avoir fait la critique de la poudre noire au point de vue des intérêts de l'industrie, nous considérons les exigences de l'époque au point de vue militaire, nous nous convaincrons tout aussi facilement de l'insuffisance de ce produit vis-à-vis des progrès actuels.

La présence de la potasse dans le salpêtre producteur de

la force réelle, le soufre qu'on est forcé d'ajouter au mélange sont ici encore la cause des plaintes qui se sont élevées contre la poudre noire depuis l'introduction des armes rayées.

Déjà, dans la construction des armes lisses, auxquelles suffisait parfaitement la poudre noire, on avait eu égard à l'inconvénient qui résultait de la croûte plus ou moins épaisse qui se forme sur les parois de l'arme après un tir prolongé, et l'on avait en conséquence donné au calibre un diamètre un peu plus grand que l'exigeait le diamètre du projectile. C'est ce qu'on appelait le vent (*Spielraum*), inconvénient dont l'action était fort désavantageuse à l'exactitude du tir, mais qui était devenu nécessaire à l'usage de l'unique force motrice qu'on possédât; ce vent, nécessité par l'encrassement de la poudre, était adopté par l'artillerie comme par l'infanterie et existe encore malgré ses désavantages.

Quels autres résultats n'obtiendrait-on pas, même des armes lisses, si en faisant disparaître l'encrassement de la poudre on évitait l'inconvénient d'un vent! C'est un fait dont tous les artilleurs sont convaincus, et une perspective qui ne peut que leur sourire.

Quelles sommes énormes ont été depensées pour l'entretien d'une bonne artillerie dont le tir soit irréprochable, et que de temps on a dû employer pour se rapprocher de ce résultat jusqu'à ce que tant de peines aient abouti à la découverte des armes rayées! Que de modifications n'a-t-on pas fait subir aux armes pour arriver à un tir exact! Des trois facteurs qui influent sur l'exactitude du tir, on en a transformé deux presque entièrement. Que l'on compare l'action d'un canon du xviie siècle avec celle d'un canon rayé!

Mais le troisième facteur, la force impulsive elle-même, est resté intact avec ses défauts et ses faiblesses! Est-ce rationnel? Après avoir créé une nouvelle arme, une nouvelle artillerie sans vent, on entend encore s'élever les mêmes plaintes sur l'inconvénient de l'encrassement, qui devient de jour en jour plus importun, au point même qu'on se voit de temps en temps contraint à l'interruption du tir. On travaille, il est vrai, à éloigner l'encrassement, à le détruire au moyen de dissolvants; mais est-ce là le véritable moyen, et ne vaudrait-il pas mieux, une fois pour toutes, songer à la création d'une nouvelle force qui puisse être employée sans amener d'encrassement, qui soit à la hauteur des progrès techniques de notre temps? Au lieu de s'opposer directement au vice que l'on reconnaît, on le conserve et l'on s'en accommode dans toutes les phases de l'art du tir.

Outre la force de l'habitude, la cause de cette longanimité serait-elle la crainte que fait éprouver l'idée de créer une force nouvelle, tâche à laquelle on préfère celle beaucoup plus facile et moins efficace de chercher pas à pas et en tâtonnant de continuels remaniements dans la fabrication des armes? Les découvertes qu'on a faites dans ce sens sont-elles réellement si extraordinaires? et ne pourrait-on mettre pour le moins en parallèle le perfectionnement des serrures, la fabrication d'une armoire d'Arnheim, ou la construction d'une de ces machines industrielles si compliquées et si étonnantes, avec la transformation d'un canon lisse en canon rayé!

Nous sommes loin de vouloir rabaisser l'importance des résultats obtenus dans ce sens, d'autant plus qu'en notre qualité d'artilleur nous connaissons les difficultés qu'il faut vaincre pour arriver à la confection d'une arme précise;

mais nous devons faire ressortir l'inconséquence qu'il y a à ne perfectionner que les deux facteurs de l'art du tir, tandis que le troisième, qui évidemment est le vrai coupable, reste intact et continue à dominer tous les autres. Cette inconséquence doit avoir une cause, et, à notre avis, il faut la chercher dans le trop peu d'importance que l'on accorde aux lois de la chimie dans la fabrication de la poudre. En effet, tandis que la technique est devenue un bien commun, tandis que sur ce champ, depuis le simple ouvrier jusqu'au plus savant constructeur de machines, tous peuvent participer à l'œuvre, et que chacun a du moins là-dessus quelques notions techniques, combien peu d'hommes au contraire ont une idée exacte de la chimie! A part les hommes de la science et les praticiens, qui s'en préoccupe? — Ce n'est donc que lorsque la chimie aura conquis la place qui lui appartient à la tête des sciences naturelles, lorsqu'elle sera devenue une connaissance générale comme la technique, qu'on verra s'opérer des perfectionnements d'une tout autre valeur que les perfectionnements techniques; et un grand nombre de produits qui n'avaient pu être obtenus jusqu'à présent que par des moyens techniques, seront fournis bien plus simplement au moyen des opérations chimiques.

Ainsi, en négligeant complétement dans l'art du tir le troisième facteur, et en ne s'occupant que des deux autres, plus accessibles aux techniciens, on est resté dans une voie absolument fausse. Nous ne craignons pas de le déclarer. C'est pour cela que, pendant dix ans, nous avons cherché à remonter à la source du mal, et nous prétendons l'avoir découverte et avoir remédié aux vices de l'ancien produit par l'invention d'une force mieux appropriée aux exigences du temps.

Tant que l'artilleur ne sera pas en état de se défaire des vices de la force portative, il ne fera qu'accumuler fautes sur fautes, que tâtonner et corriger sans cesse, jusqu'à ce qu'il songe enfin à accomplir la tâche par laquelle il aurait dû commencer, c'est-à-dire à créer une force portative idéale qui remplisse toutes les conditions nécessaires à l'art du tir. Mais que cette force reste applicable aux armes actuelles, que tout en étant plus accommodée aux exigences de l'époque elle se rapproche cependant le plus possible, soit par sa forme, soit par son contenu, de la poudre jusqu'à présent usitée, qui est-ce qui le niera? Personne à coup sûr, parmi ceux qui savent que le progrès n'est qu'un perfectionnement insensible de ce qui a existé, qu'il ne s'élève que sur les bases du passé en y rejetant ce qui est nuisible et en conservant avec soin ce qui a été éprouvé longuement comme avantageux.

Si, pour l'usage de l'industrie, la fumée de la poudre est regardée comme l'un des désavantages les plus flagrants de la poudre noire, elle n'en est pas moins un pour l'usage militaire. Nous renvoyons donc à ce que nous en avons dit plus tôt, en ajoutant qu'en cas de guerre la fumée nuit tout naturellement à l'exactitude du tir, que parfois même, en s'amoncelant devant les pièces d'artillerie, elle rend le tir impossible et ne fournit que trop facilement à l'ennemi l'occasion d'attaques imprévues. De même que dans les mines elle contrarie et empêche la continuation des travaux de l'industrie, de même elle peut être fort dangereuse dans les casemates, à cause des gaz délétères qu'elle répand, soit en empêchant de continuer le tir, soit en affectant les organes respiratoires des artilleurs par l'influence de l'acide sulfurique.

Si même l'inconvénient de la fumée n'était pas si grand dans l'usage militaire que dans l'industrie, il vaut la peine de le mentionner pour compléter le tableau des vices de la poudre noire.

Pour en finir là-dessus, nous mentionnerons une excellente brochure dont les auteurs sont deux officiers autrichiens et qui a paru à Vienne en 1863 sous le titre de : *la Poudre à canon et ses inconvénients. Un mot en faveur de la nécessité de créer une nouvelle préparation explosive*, par *Andréas Rutzky* et *Otto de Grahl*. On y trouve l'exposition très-frappante des défauts de la poudre à canon dans son application militaire, ainsi que la liste chronologique des sinistres qui font désirer l'abandon définitif de la poudre noire granuleuse. En passant en revue, dans le plus grand détail, les vices essentiels de ce produit, les auteurs rendent évidente la nécessité d'une nouvelle force portative qui, au lieu de s'en tenir aux habitudes des siècles passés, réponde aux développements théoriques et pratiques de notre temps.

II

LE FULMI-COTON ET AUTRES PRODUITS
ANALOGUES

—

L'auteur de cette brochure a souvent exprimé l'idée qu'un
changement dans la poudre à canon, ce progrès si ardem-
ment désiré, ne doit avoir lieu qu'en conservant les avantages
éprouvés de l'ancienne poudre comme base des modifications
à y apporter. C'est pourquoi il est nécessaire qu'on se rende
bien compte de ces avantages et qu'on ne les perde pas un
instant de vue. Le seul fait que la poudre noire se soit perpé-
tuée jusqu'à nous pendant plus de cinq siècles suffit pour
attester les bonnes qualités de ce produit. Même si l'on doit
reconnaître que les idées se sont immédiatement adaptées et
accommodées à cette force portative qui venait d'être découverte, il faut pourtant pour cela que le caractère de cette
force ait répondu aux besoins et aux exigences des siècles
qu'elle a traversés, et que, pour la conserver si longtemps,
l'humanité s'en soit bien trouvée. Il sera donc nécessaire, si
l'on veut créer quelque chose de nouveau, de conserver au

nouveau produit le caractère de celui auquel on prétend le substituer. Il convient donc de savoir en quoi consiste la vertu cardinale de la poudre noire et quel est son caractère essentiel.

Pour reconnaître les qualités d'un objet, il n'est rien de mieux que de le comparer avec des objets analogues. Ainsi, si nous voulons constater les avantages de la poudre noire, ces avantages qui font qu'on en est toujours revenu jusqu'à présent à cette force séculaire, nous ferons bien de la comparer avec les concurrents qu'on a cherché à lui opposer. Ces concurrents ne sont pas nombreux. Nous ne comprendrons pas dans ce nombre des produits qui n'ont pas même la prétention d'être des améliorations, tels que les nombreux mélanges purement mécaniques à l'usage des mines, et cela parce qu'ils sont loin de rivaliser avec la poudre noire et contiennent pour la plupart des combinaisons fulminantes qui en augmentent le danger, et aussi parce qu'ils sont si hygroscopiques qu'ils ne peuvent être employés que pendant peu de temps et perdent toute leur force explosive sous l'influence de l'humidité.

En réalité, nous n'aurons donc guère à nous occuper que du *fulmi-coton* qui, pendant un certain temps, a menacé de devenir un concurrent des plus sérieux de la poudre noire. Quant au *sel d'Augendre*, composition reprise plus tard par M. Pohl, il ne pourra jamais essayer de rivaliser avec la poudre noire, pas plus que la poudre blanche de M. d'Uchaltius, souvent citée dans les journaux de chimie et qui, à en juger par ses effets, est plutôt un amusement intéressant qu'un produit qu'on puisse opposer à l'invention de Schwartz. Cette poudre, d'ailleurs, n'est qu'une imitation du *pyroxam* de M. de Vry, combinaison d'amidon et d'acide nitrique. Bref, aucune de ces préparations ne peut avoir la prétention d'occuper sérieusement la critique. Celle-ci ne peut s'appliquer, dans le cas actuel, qu'au fulmi-coton.

Le fulmi-coton! Qui, parmi ceux qui suivent avec intérêt les progrès de la chimie, ne se souvient encore de l'immense sensation produite lors de son invention dans toute l'Europe, dans le monde entier? — Une nouvelle force est découverte, force impulsive et transportable, dont les effets dépassent de beaucoup ceux de la poudre noire, dont le prix est fort inférieur et qui, tôt ou tard, va l'emporter sur celle-ci dans l'usage général! Tel était le cri général, telles étaient les espérances audacieuses qui venaient réveiller de leur apathie ceux-là même qui toute leur vie avaient lancé des bombes à l'aide de la poudre noire, ou des boulets avec des canons à vent (*Spielraum*). Tout le monde avait soif de coton-poudre et s'attachait à lui comme à un ange sauveur !

Mais les anges sauveurs n'apparaissent plus de nos jours à l'homme sans sa propre coopération, sans travail, sans méditation, sans étude patiente et approfondie! Ils sont passés ces temps où l'humanité se vit tout à coup en possession de la poudre noire. Une fois la première explosion de triomphe passée, lorsqu'on eut reconnu que, malgré la facilité avec laquelle se prépare le coton-poudre, ce produit avait certains inconvénients qui exigeaient le contrôle d'une étude approfondie, on se mit à l'œuvre et l'on soumit pendant de longues années la nouvelle force à l'examen des savants et des praticiens. Cet enthousiasme, cette étude obstinée du nouveau produit prouvent suffisamment avec quelle énergie se faisait sentir le besoin d'une nouvelle force, et le désir qu'on avait de voir le coton-poudre vaincre sur tous les points l'ancienne composition.

Le coton-poudre fut fabriqué d'après la recette de l'inventeur, employé aux mêmes usages que la poudre noire, examiné et éprouvé sur tous les points, et maintenant... le voilà retombé dans l'oubli, du moins comme force portative à l'usage de l'industrie ou de l'armée. De toute la pompe de son début il ne lui est resté que cette fine membrane qu'on appelle le *collodium* !

C'est triste à constater, mais ce n'est malheureusement que trop vrai. Aussi est-il d'autant plus nécessaire de se rendre compte des raisons qui se sont opposées à l'introduction de l'usage du coton-poudre. A cette occasion, nous verrons paraître dans tout leur jour les vertus de la poudre noire, et nous ne pourrons alors qu'approuver le rejet de son concurrent !

Le coton-poudre est une force révélée par le hasard et si isolée, si dépourvue de toute espèce de relation avec ce qui existe, qu'on s'explique ainsi facilement son existence éphémère. Si le coton-poudre eût été découvert à l'époque de la découverte de la poudre noire, à la place de celle-ci, il est fort probable qu'on en eût fait usage, que l'on aurait construit tous les instruments de tir sur la base de ce produit, et que le monde industriel, comme le militaire, se serait modelé sur ses propriétés. Et si l'on se représente ce qu'eût été alors le développement de l'artillerie et des armes en général, quelle différence avec ce qui existe? C'est là surtout ce qui rend le coton-poudre tout à fait inapte à remplacer la poudre noire. Il n'a d'autre rapport avec sa rivale que celui de produire aussi une force; mais sur tous les autres points la dissemblance est complète. Il n'y a de l'une à l'autre de ces forces aucune transition possible.

Une des propriétés les plus précieuses de la poudre noire, c'est sa malléabilité, sa souplesse, la facilité avec laquelle elle se prête aux usages les plus divers. Si la poudre noire ne répondait pas aussi bien à toutes les exigences, c'est-à-dire, — pour entrer dans la pratique : si l'on ne pouvait fabriquer à volonté différentes sortes de poudre de chasse, de poudre de guerre ou de poudre de mine (selon les degrés différents de dureté du minéral), etc., — il y a longtemps que la poudre noire serait abandonnée. Elle n'a la vie si dure que parce qu'elle se prête, sans grandes modifications, à toutes les formes désirables. Que ce fût au moyen d'un changement dans le mélange ou d'une autre méthode de préparation qu'elle était modifiée, elle ne cessait cependant de représenter la même force sous la forme désirée. Les éléments de sa composition : le salpêtre, le soufre et le charbon, se prêtaient à tous les buts et produisaient dans la main du fabricant tantôt un produit de combustion instantanée, tantôt de combustion lente et durable, avec toutes les nuances qui séparent ces deux extrêmes.

Si donc on prétend substituer une force nouvelle à la poudre noire, il faut qu'elle se prête aux mêmes modifications, aux mêmes usages variés, qu'elle remplisse les mêmes conditions que son aînée.

Or, le coton-poudre possède-t-il ces propriétés? Non, absolument non. Le coton-poudre est une force idéale, un *non plus ultra* de force; mais, précisément à cause de cela, une force immuable et fixe, un produit chimique dépourvu de toute espèce de mobilité et de souplesse. C'est un fier parvenu qui, partout où il se montre, déploie une force formidable, mais ne fait pas pour un *iota* de concession à qui que ce soit. C'est un autocrate, un révolutionnaire au premier chef, qui exige que tout s'accommode à sa fantaisie, que tout le matériel existant depuis des siècles soit mis de côté pour lui faire place. Il faut, si l'on veut faire usage du coton-poudre, construire de nouveaux fusils et de nouveaux canons, et rejeter tous ceux qui existent. Cela, il est vrai, pourrait se faire à la rigueur, mais au prix de quelles dépenses et de quels travaux ?

Cette raideur, cette fixité du coton-poudre est nécessairement sa condamnation. Il ne peut remplacer la poudre noire dans ses différentes combinaisons ; il ne peut être en même temps poudre de chasse, poudre de guerre et poudre de mine.

Comme force et force idéale, il ne peut satisfaire qu'à l'usage des mines, c'est là son côté fort : dès qu'il s'agit de produire une force immense il est sans rivaux, car sous ce rapport aucun mélange de poudre noire ne peut arriver à produire de pareils effets. — Ainsi, dira-t-on, le voilà prêt à se substituer absolument à la poudre noire pour l'usage des mines? — Eh bien, non ! Malheureusement nous verrons que, faute de posséder une autre des propriétés de sa devancière, le coton-poudre est tout aussi inapplicable à l'usage des mines qu'à l'usage militaire.

Le degré de température qu'exige la poudre noire pour s'enflammer est si élevé que le frottement le plus fort de deux corps l'un contre l'autre, tel que le choc du marteau sur l'enclume, ou, ce qui a lieu dans les mines, le bourrage des trous, ne peuvent produire la combustion, de sorte que les mineurs peuvent se livrer à toutes les manipulations nécessaires à la charge des mines sans courir le danger d'une explosion spontanée.

Le coton-poudre, comme pur produit chimique, s'enflamme à un degré de température très-inférieur, différent cependant selon la manière dont il est préparé. Il s'enflamme déjà à la température de 120°, même lorsqu'il est bien préparé. Lorsqu'il l'est mal, il peut s'enflammer à 90°. Cette propriété peut amener facilement, dans les manipulations

nécessaires pour charger la mine, une explosion spontanée ;
de sorte que les ouvriers sont continuellement exposés au
plus grand danger. Aussi leur confiance dans ce produit est
tellement ébranlée qu'ils n'attachent aucune importance à
sa supériorité de force sur la poudre noire et lui préfèrent
encore cette dernière.

Il ressort de ce fait que, si l'on veut créer une nouvelle
force qui remplace l'ancienne poudre, il faut que la température de sa combustion soit telle qu'une combustion spontanée ne puisse avoir lieu par les manipulations des armes
ou des mines. Or, tel n'est point le cas du coton-poudre.

Il y a en outre un autre point à considérer quant à l'inap-
titude du coton-poudre à l'industrie. Nous avons vu, il est
vrai, que le coton-poudre était une force idéale, un *non
plus ultra* de force. Mais, quelque grande qu'elle soit, a-t-elle
en réalité la valeur représentée par son prix d'achat ? — Que
l'on compare les frais de fabrication du coton-poudre avec
ceux de la poudre noire, et l'on verra qu'à effet égal l'infé-
riorité du prix est encore en faveur de cette dernière.

Pour le prouver, prenons les chiffres fournis par l'expérience, c'est-à-dire que, relativement au poids, le coton-
poudre possède une force 2 fois 1/2 plus grande pour le tir
et 4 fois plus grande pour les mines que la poudre noire ;
ces chiffres, prenons-les pour terme de comparaison de
force des deux produits vis-à-vis de leurs frais de fabrication.

Ces frais se montent :

a. Pour la poudre de mine, à :

1. — 33 kilos environ de salpêtre...............	26 fr.
2. — 10 — — de soufre...............	2
3. — 7 — — de charbon.............	2
4. — Main-d'œuvre.................	8
Somme approximative........	38 fr.

b. Pour la poudre de tir, à :

1. — 38 kilos environ de salpêtre.............. 34 fr.
2. — 6 — — de soufre.............. 2
3. — 6 — — de charbon............. 2
4. — Main-d'œuvre........................ 12

Somme approximative........ 50 fr.

La force de 50 kilos de coton-poudre est égale à 200 kilos de poudre de mine noire; ainsi elle représente 152 fr. ou 125 kilos de poudre de tir, à 5 fr. par 50 kilos, soit 125 fr.

Les frais de fabrication du fulmi-coton sont les suivants :

1. — 50 kilos de coton au moins.............. 200 fr.
2. — 50 — d'acide azotique............... 55
3. — 50 — d'acide sulfurique............. 10
4. — Main-d'œuvre........................ 12

Somme..................... 277 fr.

On gagne ainsi tout au plus 80 kilos de coton-poudre. Ainsi 50 kilos de coton-poudre coûtent environ 175 fr.

Comme il faut que le coton qu'on y emploie soit bon et pur, on ne peut employer les qualités inférieures. Si l'on veut en faire des mèches ou des cordes, le prix de fabrication augmente d'autant plus. Dans le moment actuel, il est même peu probable qu'on puisse fabriquer 50 kilos de coton-poudre pour 200 fr. Nous avons calculé d'ailleurs au plus bas le *déchet* d'un quintal d'acide nitrique et d'un quintal d'acide sulfurique nécessaires aux combinaisons chimiques ou amené par les manipulations, ainsi que la main-d'œuvre.

Ainsi donc, l'effet produit par 175 fr. de coton-poudre est le même que celui produit par environ 15 fr. de poudre noire de mine, et ne dépasse pas l'effet produit par 130 fr. de poudre noire de tir. Ainsi le coton-poudre est de 10 à 25 p. 100 plus cher que la poudre noire.

L'auteur de cette brochure, qui pendant longtemps a été chargé par son gouvernement de la fabrication de coton-poudre pour le tir, est assez versé dans les moindres détails de la fabrication de ce produit pour pouvoir garantir les chiffres qui précèdent.

Nous avons donc reconnu au coton-poudre trois inconvénients : sa fixité ou manque de souplesse, le degré inférieur de son inflammabilité, et enfin son prix de 1/10 jusqu'à 1/4 plus élevé que celui de la poudre noire. Ces inconvénients suffisent pour rendre ce produit incapable de succéder à la poudre noire. Si l'on peut arriver à éloigner le dernier, lorsque le prix du coton aura baissé, les deux autres sont incurables, parce que le coton-poudre est un produit chimique fixe, comme l'acide carbonique, comme le *nitrate d'argent* et mille autres combinaisons chimiques. En outre, le coton-poudre a d'autres défauts d'une moindre importance. L'un de ces défauts est l'irrégularité d'effet produit, selon le plus ou moins de pression et de densité de la masse. On arriverait peut-être à obvier à cet inconvénient après de nombreuses expériences, car on retrouve la même propriété dans la poudre noire, quoique à un degré inférieur; la masse comprimée produit sur l'arme un effet tout différent que la poudre en grains, et celle-ci se montre différemment selon que la charge est plus ou moins bourrée.

Des milliers d'expériences ont abondamment prouvé cette irrégularité d'effet du coton-poudre. S'agit-il de trouver le degré de densité le plus convenable et qui produise la plus grande force d'impulsion? Au-dessus et au-dessous de ce degré, l'effet produit sur l'arme est inférieur, tandis que l'effet total, la force brisante, reste la même. On reconnaît le plus ou moins de propension qu'a le coton-poudre de se rapprocher des préparations fulminantes, et cependant de produire, dans certaines conditions, une force impulsive importante. Néanmoins, on voit qu'il n'est pas possible de se fier entièrement aux effets produits par le coton-poudre.

Outre le degré de densité du coton-poudre, la manière plus ou moins hermétique dont il est enfermé influe beaucoup sur sa force impulsive. Là seulement où il est couvert d'un grand poids, d'un boulet pesant, là où le développement des gaz impulsifs arrive à dégager le corps qui se forme, c'est-à-dire l'oxyde d'azote, là où la clôture est hermétique, le coton-poudre a une force impulsive analogue à celle de la poudre noire. Il serait donc applicable aux armes rayées. Mais en revanche, là où il n'est pas hermétiquement enfermé, comme dans les armes lisses et surtout avec la grenaille, là où l'oxyde d'azote ne peut se dégager à cause du manque de tension et de chaleur, sa force impulsive est médiocre et son effet presque nul.

Donc, même si l'on pouvait arriver à l'emploi utile du coton-poudre, si l'on pouvait arriver à la régularité du tir, en amenant de grandes modifications dans la fabrication des armes, dans la manière de charger, etc., l'immense révolution que cette force idéale exige dans le matériel tient décidément trop de poids dans la balance. Pour cette raison, il faudrait déjà attendre vingt à trente ans jusqu'à ce qu'on pût introduire définitivement ce nouvel agent.

Il n'est pas nécessaire d'en dire davantage du coton-poudre. Nous croyons avoir suffisamment démontré l'impossibilité de l'adopter comme matériel de guerre. S'il pouvait être modifié, il deviendrait à coup sûr le véritable successeur de la poudre noire. Mais son invariabilité lui ferme à tout jamais la perspective de remplacer un produit aussi souple qu'il l'est peu lui-même.

III

LA NOUVELLE POUDRE

—

Après avoir démontré les désavantages et les faiblesses
de la poudre noire, et reconnu que pour cette raison elle ne
peut plus suffire aux exigences de notre époque, soit au
point de vue militaire, soit à celui de l'industrie, après avoir
prouvé que néanmoins aucun des produits qu'on a cherché
à lui substituer, pas même le coton-poudre, n'est à la
hauteur de cette tâche, il est temps que l'auteur en vienne
à la dernière partie de son exposé, c'est-à-dire à la critique
de sa propre invention, connue et déjà mise en usage par
le public sous le nom de *poudre chimique*.

Les tristes expériences faites avec le coton-poudre, qui n'a
que trop souvent causé de graves accidents en faisant sauter des fusils de chasse ou des carabines, a redonné un nouveau crédit à la poudre noire, et l'on y est revenu avec le
sentiment qu'elle seule pouvait fournir la force nécessaire
au tir sans entraîner avec elle de pareils dangers, tandis
qu'on enveloppait dans la méfiance inspirée par le coton-

poudre toute autre préparation qui cherchait à se substituer à l'ancien produit. Depuis cet insuccès il est devenu plus difficile que jamais de faire apprécier et adopter une invention analogue. L'auteur de cette brochure est loin de s'en plaindre ; il comprend et approuve au contraire, dans les circonstances actuelles, l'espèce d'appréhension causée par l'annonce d'une nouvelle préparation explosible, d'autant plus que la recherche de pareils produits est devenue une véritable manie dont le résultat n'a guère été jusqu'à présent que de faire éclater les armes avec plus ou moins de facilité. Mais c'est d'autant plus son devoir de chercher à dissiper ces appréhensions (qu'elles soient la suite d'un préjugé ou qu'elles soient entretenues par certains intérêts privés) que son invention, fondée sur une base rationnelle et solide, a été reconnue et approuvée par les autorités militaires et scientifiques les plus compétentes, et qu'elle n'est point une découverte fortuite, mais bien le résultat de longues et profondes études dans le domaine combiné de l'artillerie et de la chimie.

Le but de cette brochure est pour l'auteur d'expliquer ouvertement et clairement la marche des idées qui l'ont conduit à l'invention formant le résultat de ses études et de ses expériences, afin que l'on reconnaisse que dès le principe il n'a eu en vue que la régénération de la poudre noire, en conservant ses qualités et en expulsant ses vices ; qu'ainsi il s'est placé sur le terrain du véritable progrès et a pris le passé pour base de la nouvelle invention qu'il prétend substituer à l'ancienne. Pour cette raison, il pense que sa nouvelle poudre mérite d'attirer tout autrement l'attention du public que les produits éphémères et mort-nés dont il a été question plus haut, car il n'a voulu livrer sa poudre au public qu'après en avoir fait constater la vitalité dans divers pays, et cela par les autorités scientifiques, industrielles ou militaires les plus compétentes.

L'idée de fabriquer une nouvelle poudre à canon sans soufre a été conçue à plusieurs reprises dans les temps passés. L'immense avantage qui devait en résulter n'échappait à personne, aussi fit-on dans les premières vingt années de notre siècle des recherches actives dans ce sens, ainsi qu'il ressort, entre autres, des actes de la fabrique de poudre de Spandau, dans laquelle l'auteur a fonctionné plusieurs années. Il n'y a pas grand mérite à reconnaître qu'avec l'idée qu'on se faisait alors de la composition de la poudre de pareils essais devaient échouer, ce que du reste l'expérience ne tarda pas à constater. Il n'était pas possible, en effet, de fabriquer sur de telles bases un mélange explosif par la simple combinaison du charbon avec le salpêtre. En enlevant le principe conciliateur fourni par le soufre, la nature du mélange explosif est modifiée à tel point qu'on n'obtient qu'un développement insensible de gaz et d'étincelles au lieu d'une véritable explosion. De quelque manière qu'ait lieu le mélange mécanique de ces deux éléments, le résultat est toujours l'impossibilité de produire une explosion semble à celle causée par la poudre noire, parce que la chaleur nécessaire manque absolument et que la décomposition a lieu par atômes au lieu de suivre une chaîne non interrompue de particules intimement liées entre elles et se dissolvant rapidement en gaz. En vain chercha-t-on à remplacer le soufre par d'autres substances; bref, on dut bientôt renoncer à la continuation des essais, et cela, on le voit, pour d'excellentes raisons.

Or, cette idée dont autrefois l'exécution paraissait impossible a été réalisée dans la nouvelle poudre chimique. Celle-ci n'est pour ainsi dire que la poudre noire, moins le soufre.

Aucune nouvelle matière explosive ne peut prétendre à la réussite si la formation de ses gaz n'est en général de même nature que celle de l'ancienne poudre. Par exemple, ce serait une faute que de produire des combinaisons d'hydrogène carboné mêlées avec la quantité suffisante d'oxygène pour produire, au contact d'une étincelle, un immense développement de gaz. L'effet produit serait d'une toute autre nature. Il ne pourrait devenir une force impulsive, car son effet ne serait que momentané, ainsi qu'on le voit par les terribles effets produits dans les mines de houille par le feu grisou.

Il en est de même de la combinaison fulminante d'hydrogène et d'oxygène, également explosible au moyen d'une étincelle, parce que cette explosion est trop destructive. On pourrait tout au plus s'en servir pour les mines ou pour les boulets creux, où l'explosion ne peut jamais être trop forte. On y a songé dans les derniers temps en faisant la proposition, irréalisable en pratique, d'ajouter à la poudre de mine, pour l'humecter, de la nitroglycérine, c'est-à-dire une combinaison de glycérine et d'acide de salpêtre, soit de l'hydrogène carboné mêlé à beaucoup d'oxygène. La masse gazeuse qui en résulte doit augmenter considérablement, et l'explosion en devenir plus violente. Par malheur ce corps, la nitroglycérine, est trop cher pour permettre qu'on en fasse un emploi pratique. Les essais tentés récemment en Suède de n'employer que la nitroglycérine sous le nom *d'huile explosive* ne doivent avoir causé d'autre économie que celle des frais de perçoir. La nitroglycérine coûte près de 400 fr. le quintal, valeur intrinsèque. D'ailleurs, il est probable que l'huile explosive n'est pas applicable aux percées horizontales ou ascendantes. Néanmoins cette substance mérite considération.

La masse gazeuse de la poudre à canon est principalement
de l'acide carbonique qui provient de la combustion rapide
de la poudre et est amené par l'intensité de la chaleur à un
extrême degré d'expansion. Tout le monde sait qu'on peut
blesser quelqu'un grièvement avec le bouchon d'une bou-
teille d'eau de Seltz si la tension de l'acide carbonique se
trouve augmentée par la chaleur. Que de fois des explosions
n'ont-elles pas lieu pendant la fabrication de boissons char-
gées d'acide carbonique! Eh bien! ces explosions sont de
nature analogue à celle de la poudre à canon; seulement,
tandis que dans celles-là le volume et le degré de chaleur sont
moindres, et l'effet par conséquent peu considérable, dans la
poudre à canon ces deux éléments sont portés à une haute
puissance, la différence de volume entre la matière solide et
la matière gazeuse est énorme, et la chaleur expansive des
gaz plus énorme encore. Plus cette différence de volume se
forme rapidement, plus grande est la chaleur, plus grand
aussi est l'effet produit. L'effet le plus considérable est produit par la poudre à petits grains, d'abord parce que le développement de gaz produit par la combustion rapide est véhé-
ment, et puis parce que le salpêtre livre plus d'oxygène à
tout le mélange, qu'en conséquence il en résulte plus d'acide
carbonique, et enfin parce que celui-ci produit par sa plus
grande quantité une chaleur plus intense qui, plus véhé-
mente, plus momentanée, est poussée jusqu'au maximum de
puissance. Le moindre effet (du moins comme force impulsive, c'est-à-dire là où l'une des parois de la cavité, soit le
projectile, cède) est produit par une poudre qui développe
plus de gaz d'oxyde que d'acide carbonique. Là manque le
salpêtre, et par conséquent l'oxygène; il y a excès de carbone, et il se forme plus de gaz d'oxyde que de gaz d'acide
carbonique. Au manque de chaleur, que le volume des gaz

oxydes carboniques n'augmente que fort peu, il faut suppléer au moyen d'un excès de soufre; mais celui-ci brûle plus lentement, une grande partie de la chaleur se dépense dans la formation de la fumée qui est d'autant plus grande qu'on emploie plus de soufre. Si la clôture du canon n'est pas assez forte pour que tout ce procès ait eu le temps d'avoir lieu avant qu'une des parois ait été poussée ou brisée, alors une grande partie de la force se trouve perdue sans effet. C'est ce qui a été suffisamment prouvé par des essais faits avec la meilleure poudre de chasse ou avec de la poudre de mine, soit sur des armes lisses, soit dans les mines. Dans ces dernières, tout dépend sans doute du plus ou moins de dureté de la pierre. Pour le roc le plus dur on ne peut se servir que de la poudre de mine la plus faible, de celle qui contient le moins d'acide carbonique; mais elle ne peut produire plus de force qu'elle n'en contient, et cette force est fort minime. Pour les rocs plus tendres, ainsi que pour ceux qui sont écaillés, l'effet sera encore bien moindre parce qu'une grande partie des gaz restera sans effet.

Les dernières recherches sur les produits de la combustion de la poudre de tir faites par M. de Karolyi, qui a repris et continué les travaux importants de M. Bunsen d'Heidelberg, fournissent la preuve scientifique de ce qui précède, et il vaut la peine de jeter un coup d'œil sur les produits de la combustion des trois espèces de poudre : de chasse, de munition ou de pièce d'artillerie, pour s'en persuader.

On s'est servi, pour les expériences, d'une espèce de chacune des trois poudres dont nous venons de parler.

La première se composant de :

78,99 de nitrate de potasse.
9,84 de soufre.
7,69 de carbone ⎫
0,41 d'hydrogène ⎬ charbon.
3,07 d'oxygène ⎭

La seconde, composée de :

77,15 de salpêtre.
8,63 de soufre.
11,78 de carbone.
0,42 d'hydrogène.
1,79 d'oxygène.
0,28 de cendre.

La troisième, enfin, composée de :

73,78 de salpêtre.
12,80 de soufre.
10,88 de carbone.
0,38 d'hydrogène.
1,82 d'oxygène.
0,31 de cendre.

Les produits de la combustion de ces trois espèces sont, d'après leur poids, les suivants :

	Poudre de chasse.	de munition.	de canon.
Sulfate de potasse	42,27	36,17	36,95
Carbonate de potasse	12,61	20,78	19,40
Hyposulfate de potasse	3,27	1,77	2,85
Sulfure de potasse	2.13		0,11
Cyanosulfure de potasse	0,30		
Nitrate de potasse	3,72		
Charbon	0,73	2,60	2,57
Soufre	0,14	1,16	4,59
Carbonate d'ammoniaque	2,86	2,66	2,68
Azote	9,98	10,06	9,77
Acide carbonique	20,12	21,79	17,39
Oxyde de carbone	0,94	1,47	2,64
Hydrogène	0,02	0,14	0,11
Acide hydrosulfurique	0,18	0,23	0,27
Oxygène	0,14		
Gaz hydrogène carboné		0,49	0,40
Déchet		0,69	0,19

On voit d'après ce tableau que moins la poudre renferme de salpêtre, plus la masse des oxydes de carbone augmente ; la masse des gaz acides carboniques augmente avec la masse de salpêtre employé en proportion du carbone qui s'y trouve. Tandis que pour la poudre de chasse on a employé trop de salpêtre (7,69 p. 100 du carbone employé, de sorte que 3,70 parties de salpêtre se retrouvent dans les produits de la combustion), on n'en retrouve point du tout dans les produits de la combustion de la poudre de munition, pas plus que dans ceux de la poudre d'artillerie ; mais on y rétrouve du charbon et du soufre intacts à l'état d'encrassement. La décomposition des matières qui résulte de la différence du dosage a sur la force produite cette influence dont nous avons parlé et qui est causée par la rapidité de la combustion, soit la grosseur du grain et le degré de chaleur développée.

Dans la poudre de mine, qui contient encore moins de salpêtre et plus de charbon et de soufre, cela a lieu encore plus que dans la poudre à canon. La quantité de gaz oxydes de carbone est encore plus grande dans ses produits de combustion, celle des gaz acides carboniques beaucoup moindre, et dans l'encrassement on retrouve intacts beaucoup plus de soufre et de charbon.

Pour constater d'une manière encore plus précise l'influence des produits de la combustion sur l'effet produit, examinons ceux du coton-poudre. La principale raison qui s'oppose à ce que ce produit remplace la poudre à canon se trouve précisément dans les produits de combustion, dans l'énorme développement de cette combustion et dans le manque de chaleur. Le gaz du *coton-poudre* contient, selon les recherches de M. de Karolyi, d'après le poids :

28,92 d'oxyde de carbone.
30,43 d'acide carbonique.
 6,47 de gaz hydrogène carboné.
 9,59 de gaz acide d'azote.
 8,71 d'azote.
 1,60 de charbon.
14,28 d'eau.

Quelle quantité de gaz ! D'après le volume, c'est l'oxyde de carbone qui prédomine dans la proportion de :

Oxyde de carbone....... ..... 28,55 p. 100.

Puis viennent :

L'acide carbonique............	19,11	p. 100.
Le gaz hydrogène carboné.....	11,17	—
Le gaz acide d'azote..........	8,83	—
L'azote.....................	8,56	—
Le charbon.................	1,85	—
L'eau...............	21,83	—

Ces gaz se développent presque instantanément et prennent subitement un immense volume. Mais alors tout le travail est fait, aucun effet ne le suit, et il n'est pas question d'une extension de volume des gaz par la chaleur. Aussi, même lorsque la combustion du coton-poudre est retardée artificiellement, par exemple en enveloppant du coton-poudre autour d'un bouchon de bois, son effet reste le même et ne repose que sur la première impulsion. Si le projectile est repoussé de sa place par cette première impulsion, les gaz qui se développent plus tard n'ont plus d'effet sur lui, tandis qu'ils agissent sur les parois les plus rapprochées avec la force qui leur est propre. Ainsi l'augmentation de l'effet en cherchant à retarder la combustion n'a d'autre résultat que d'amoindrir l'action sur le projectile, mais ne peut modifier une force naturellement brisante, et analogue aux préparations fulminantes.

La même quantité de coton-poudre, qui dans une roche résistante produit un effet triple ou quadruple vis-à-vis d'une quantité analogue de poudre à canon, ne livre plus, enveloppée en forme de cartouches autour de cylindres de bois, qu'une force deux fois et demie inférieure à celle de la même espèce de poudre, et dans les canons lisses à projectile léger qu'un effet beaucoup inférieur à celui de la même poudre.

C'est une preuve que déjà, dans les canons rayés, ce n'est qu'une partie seulement de la force, et non la force entière, qui se produit en suite du retardement de la combustion. Dans les canons lisses la force qui agit sur le projectile est encore moindre. Aussi les canons rayés n'ont-ils besoin dans l'emploi du coton-poudre, pour la même raison qae lorsqu'on emploie des cylindres-cartouches, que d'un moindre calibre de longueur, parce que les gaz, qui n'arrivent à la combustion qu'au moment où le projectile a dépassé les moindres longueurs de calibre, ne déploient sur le projectile qu'une action nulle ou fort minime. Par contre, dans l'emploi de la poudre noire, la longueur du calibre doit croître avec la grosseur de la charge, parce que la combustion est plus lente et que l'expansion normale des gaz augmente aussi longtemps que le projectile se trouve encore dans le canon. Le fait souvent observé dans les fusils de chasse que, malgré leur respectable longueur, la poudre noire en sort encore sans avoir été consumée, ce qui logiquement amènerait à dire que pour employer toute la force il faudrait augmenter la longueur de l'arme, ce fait ne sera jamais observé avec le fulmi-coton. Au contraire, pour celui-ci, le fusil de chasse pourrait être réduit à la longueur d'un pistolet.

D'après ce qui précède, il faut avoir égard, dans la fabrication d'un nouveau matériel de tir, à ce que, selon que ce nouveau matériel se substitue à chacune des trois espèces de poudre de tir ou à la poudre de mine, il produise les mêmes produits de combustion que ses devanciers. En outre, il faut tenir compte, dans le choix des matériaux, de la rapidité de la combustion et du degré de chaleur qu'il s'agit de développer. Ce n'est qu'ainsi qu'on pourra arriver à produire un équivalent de l'ancienne poudre. Il s'agira donc de conserver la différence essentielle qui existe entre les produits de la combustion des poudres de chasse, de munition et d'artillerie ainsi que de la poudre de mine, et de ne pas négliger, dans le nouveau produit, ce côté si important de la poudre à canon. Or, cette différence essentielle pourra s'obtenir *principalement par la gradation du développement de l'acide carbonique et de l'oxyde de carbone, avec l'aide de l'azote dans les divers mélanges, et ensuite par la différence de rapidité dans la combustion du mélange entier, et par la chaleur nécessaire.* Ces deux points, — la rapidité de la combustion et le degré de chaleur, — seront d'abord l'objet de notre attention.

On sait que la rapidité de combustion de la poudre noire exerce une influence puissante sur l'effet produit. Le degré de densité du grain, sa grosseur, sa surface polie ou non polie sont, avec les combinaisons des substances fondamentales qui la composent, les moyens de varier à volonté la souplesse de cette poudre. Examinons à quel degré ces trois moyens influent sur la formation de la force.

La différence de densité de la masse de poudre à canon peut produire les effets les plus hétérogènes, et varier de l'explosion momentanée à la combustion par couches des amorces. Tandis qu'une pression de quelques millions de livres modifie le mélange à tel point qu'il cesse de pouvoir servir de force impulsive, une pression de 50,000 livres est précisément celle qui peut produire les espèces de poudre utiles. Là où l'on voit la grande influence de la densité de la poudre sur sa force impulsive, c'est dans la différence qu'il y a entre cette force dans les fusées (mélange soumis à une énorme pression) et la même force dans la poudre à canon.

La grosseur du grain n'a pas moins d'influence sur la rapidité de la combustion. Chaque grain doit naturellement, pour développer des gaz, se consumer de la périphérie au centre. La fine poudre de chasse, qui ne dépasse presque pas la grosseur d'un grain de sable, a besoin du minimum de temps pour se consumer entièrement, tandis que des grains de poudre de la grosseur d'un pois ont déjà besoin, pour brûler, d'un temps appréciable à l'œil. C'est entre ces deux extrêmes que se trouvent les grosseurs de grain les plus diverses, de sorte qu'on peut, par ce moyen, varier à l'infini et selon le but qu'on veut obtenir la rapidité de la combustion.

Quant au polissage des grains, qui n'a d'autre but que de fermer les pores des grains à leur superficie, c'est aussi un moyen de retarder la combustion. Le grain resté brut offre à la flamme plus de prise que le grain poli qui reçoit quelquefois, au moyen de la graphite, une espèce de croûte métallique.

On voit de combien de nombreux moyens la fabrication de la poudre dispose pour adapter à des buts différents la force qui en résulte et pour l'assouplir au point d'en faire à volonté une force impulsive ou une force brisante. Or, on ne peut renoncer à ces moyens si l'on veut fabriquer un équivalent meilleur et une force mieux adaptée aux exigences de l'époque.

Quant à ce qui regarde l'élévation de chaleur nécessaire à la force impulsive, ce qu'il convient seulement de constater, c'est qu'une chaleur intense augmente de beaucoup la tension des gaz développés par la masse. Toutes les préparations chimiques qui n'ont pas pour caractère le développement d'une chaleur intense ne baseront pas non plus leur force impulsive sur les effets de l'acide carbonique, ainsi que nous le voyons dans le coton-poudre. Quoique celui-ci contienne une assez grande quantité de gaz acide carbonique, leur effet est cependant tout à fait secondaire, parce qu'il leur manque la chaleur nécessaire pour les dilater, et le peu de persistance de leur effet est uniquement causé par le manque de chaleur.

C'est pourquoi il est absolument nécessaire, si l'on veut produire une matière capable de se substituer à toutes les formes de l'ancienne poudre, de la composer de substances produisant une chaleur progressive à peu près jusqu'à la température produite par la combustion de l'ancienne poudre.

Ainsi : production d'acide carbonique, soit de gaz oxydes de carbone à côté de gaz azotiques, possibilité de ralentir ou de hâter la combustion, soit par le degré de densité de la masse, soit en variant la grosseur des grains, soit par le polissage, et enfin chaleur suffisante, tels sont les résultats que l'on doit chercher à atteindre pour constituer une nouvelle force analogue à la poudre noire.

Après avoir examiné le contenu de la préparation projetée, nous avons encore quelques mots à ajouter sur la forme qu'il sera le plus convenable de lui donner.

Nous nous sommes suffisamment convaincus du rôle important que joue la granulation dans la poudre noire, et combien la notion même de poudre à canon est intimement liée à celle d'une forme granuleuse. N'est-ce pas par conséquent indiquer de conserver cette forme dans une nouvelle préparation? Nous prétendons que c'est déjà faciliter considérablement la tâche que de maintenir la granulation comme nécessaire pour toute poudre à canon, et que toute préparation qui, par sa nature, ne peut se prêter à cette forme doit être rejetée comme incapable de se substituer à l'ancienne poudre.

Abstraction faite de son influence sur l'effet produit, la granulation a exercé sur le développement des armes une influence si décisive qu'il est difficile d'introduire subitement un nouveau mode de charge. Dans le monde industriel une révolution de cette espèce pourrait avoir lieu, mais dans le militaire elle jurerait d'une manière si brusque avec tout le matériel existant qu'il faudrait des dizaines d'années pour refondre les ustensiles et pour sacrifier ceux qui existent à l'invention nouvelle. L'habitude est si puissante qu'à elle seule elle impose déjà la forme granuleuse à toute nouvelle préparation.

Nous avons ainsi appris à connaître les conditions de forme et de contenu nécessaires à la création d'une nouvelle force portative, et nous les avons exposées d'après un examen rationnel des avantages ou des faiblesses de la poudre noire. Le but sera donc de remplir ces conditions si l'on veut pouvoir compter sur la réussite. Si l'on y ajoute deux conditions expresses imposées par les exigences de l'époque : celle de diminuer le danger de fabrication, de transport et de manipulation, et celle non moins importante de diminuer le prix du produit, on aura fermé le cadre dans lequel le nouveau produit pourra prendre place. C'est en suivant cette marche rationnelle que nous en sommes venu à la réalisation de notre tâche.

La seconde partie de cette tâche sera d'expliquer et de démontrer les succès pratiques obtenus par l'exécution exacte de la pensée que nous avons eue en fondant le nouveau produit sur la base de l'ancien.

Les trois parties composant la base impulsive : le carbone, l'oxygène et l'azote, indiquent déjà, absolument comme dans l'ancienne poudre, qu'il convient de choisir des substances végétales contenant de l'oxygène à base d'azote. Qu'avons-nous dans le carbone de la poudre noire, si ce n'est la matière végétale élémentaire? Si l'on fait abstraction du choix exclusif qu'on a fait jusqu'à présent des espèces de bois qui fournissent le charbon dont on fait la poudre, on trouvera que ce n'est pas seulement le bois de saule ou de bourdaine qui fournit le matériel propre à la carbonisation, mais que le peuplier, l'aulne, le sureau, le châtaignier, le noisetier; en Italie, le chanvre, le laurier-rose, le pin, le bois de la vigne, etc., remplissent le même office; qu'en général, dans le règne végétal, *le bois* peut être employé à la production du charbon, ou, pour parler plus exactement, à la production du carbone.

Le bois est donc le représentant de la matière végétale nécessaire à la fabrication de la poudre à canon. Dans ce but, on soumet le bois, après en avoir enlevé les sucs, à la distillation sèche, c'est-à-dire que, par un moyen quelconque, on le soustrait à l'action de l'air, en l'enfermant, par exemple, dans des alambics de fer fondu, et en soumettant ceux-ci à l'action d'une chaleur considérable.

La privation de l'air est nécessaire parce que, en permettant le contact de l'oxygène de l'air, on exposerait le bois à une oxydation continue, c'est-à-dire à la combustion.

Comme les corps composés tendent, sous l'influence de la chaleur, à se dissoudre en combinaisons simples, la chaleur produit sur le bois une dissolution telle que presque tout l'oxygène et l'hydrogène de la celluleuse forme avec le carbone des combinaisons liquides ou gazeuses, combinaisons qui sont séparées, au moyen de tuyaux, des corps restés dans l'alambic, c'est-à-dire du charbon brûlé.

Le charbon qui reste conserve à peine un tiers, souvent même un quart du poids du bois soumis à la carbonisation. On en a donc enlevé les deux tiers ou les trois quarts au moyen d'une chaleur intense, afin d'obtenir un charbon aussi pur que possible, et le carbone même du bois a diminué d'une manière sensible par les combinaisons d'hydrogène carboné, d'oxyde de carbone, d'acide carbonique qui se sont formées, et en ont employé une certaine quantité.

Si maintenant nous examinons de quoi se compose le bois, l'analyse nous apprend que la celluleuse contient environ la moitié de carbone, environ 44 p. 100 d'oxygène et 6 p. 100 d'hydrogène. La matière carbonisée conserve environ 25 à 30 p. 100 de carbone contenus dans le charbon noir, au lieu des 50 p. 100 qui étaient contenus dans le bois, plus 44 p. 100 d'oxygène et 6 p. 100 d'hydrogène. Ce carbone est la base destinée à fournir les gaz impulsifs de la poudre. Lorsqu'on combine ce carbone avec de l'oxygène en même quantité qu'il se trouve compris dans le bois naturel et qu'on allume le mélange, il en résulte une flamme qui continue à brûler sous l'influence de l'oxygène de l'air comme un morceau de bois sec.

Si l'on plonge un charbon ardent dans un gaz oxygène pur, il produit une flamme vive. En tout cas, la présence de l'oxygène dans le charbon est aussi importante et nécessaire pour le maintien de la flamme que la présence de l'oxygène dans le bois pour que celui-ci brûle. Dans les deux cas, c'est le carbone du bois ou du charbon brûlé qui, au contact de l'oxygène, produit la flamme et la combustion. Le carbone n'est pas identique au charbon ; il n'est pas nécessaire de se représenter le carbone noir comme ce dernier, ainsi que le prouve le diamant, qui est le carbone le plus pur. La poudre à canon a besoin d'oxygène, non de charbon, pour produire des gaz impulsifs. Ainsi, l'éloignement volontaire de l'oxygène du bois, tel qu'on a l'habitude de l'amener par la carbonisation, n'est point suffisamment motivé, mais il s'explique par la tendance qu'on a eue jusqu'à présent de se figurer le charbon comme le représentant du carbone pur.

L'auteur de cet exposé, qui pour constituer sa poudre se

sert d'un autre procédé de carbonisation beaucoup plus naturel, est par cela même en état d'employer le bois tel que
la nature le produit et de faire servir à la production de la
force impulsive l'oxygène qui s'y trouve à côté de la masse
de carbone.

Ce procédé de carbonisation, qui dans la fabrication de la
poudre noire est précédé d'une dépense beaucoup trop
grande de combustible, n'a lieu dans notre poudre qu'au
moment où elle se dissout en gaz. C'est la mine, le fusil ou
le canon chargé qui sert de fourneau à carboniser, c'est là
que se dégage d'abord le carbone contenu dans le bois.
Qu'on fasse des expériences de combustion avec du bois sec
auquel on communique suffisamment d'oxygène, et l'on
trouvera qu'enfermé dans un vase étroit il produira une
grande quantité d'acide carbonique.

Cet acide carbonique, dilaté par la chaleur, est en état
de briser les parois qui l'enferment et par conséquent de
produire une explosion. Ainsi donc, cette action du bois
hermétiquement enfermé avec beaucoup d'oxygène est une
force qui, sans doute, n'égale pas celle de la poudre à
canon, mais qui est capable, sous un certain traitement, de
devenir une force impulsive. Pour nous, la poudre noire
n'est autre chose que du bois dont on a retiré l'hydrogène
qu'on a mêlé avec de l'oxygène et de l'azote, et en outre
avec certaines quantités de soufre ou de potassium plus ou
moins inutiles, mais nécessitées par les exigences de la
fabrication.

Que l'on prenne une partie de l'oxygène du salpêtre et
qu'on l'ajoute au carbone du charbon, et l'on a du bois délivré d'hydrogène. Cette partie d'oxygène que le bois contient,
nous la lui laissons, et nous ne tendons qu'à retirer en tout
ou en partie l'hydrogène du bois. Si ensuite nous ajoutons à

ce bois plus ou moins délivré d'hydrogène des substances qui fournissent de grandes quantités d'oxygène et d'azote, si nous arrivons ainsi à produire un haut degré de chaleur, si ensuite une combustion aussi rapide que possible peut avoir lieu, nous aurons là l'image complète d'une nouvelle force portative qui ne renferme pas de soufre et n'amène aucune combinaison nuisible entre le soufre et le potassium.

Grâce aux progrès de la chimie, l'auteur de cette brochure a réussi à réaliser cette image que depuis longtemps il s'était proposée pour type. Il est arrivé à remplir toutes les conditions qu'il s'était posées dès le principe, c'est-à-dire qu'en conservant à son produit la faculté de se prêter à tous les changements de forme il a obtenu la souplesse nécessaire à la force qu'il voulait représenter. Il a fondé son nouveau produit sur les bases des propriétés que la poudre noire a conservées pendant des siècles, et a conservé logiquement la forme granuleuse de l'ancienne poudre. Il est en état de représenter de la manière la plus exacte les mélanges les plus divers de la poudre noire relativement à leurs effets, et il a pour lui les grands avantages que sa poudre ne produit que fort peu de fumée et ne laisse après sa combustion qu'un minimum d'encrassement. Les moyens dont il s'est servi sont, comme pour l'ancienne poudre, la différence de dosage, le plus ou moins d'hydrogène qu'il enlève au bois, et les diverses grosseurs du grain.

La fabrication même, dirigée depuis un an sur une grande échelle, à Potsdam, par l'inventeur même, et qui a lieu en grande partie par la voie humide, ne présente de danger dans aucune des phases de son développement. Le danger n'apparaît, et même alors qu'à un degré infiniment inférieur, qu'au dernier moment, qu'au moment où le produit va être terminé ; et c'est là un progrès immense dans la fabrication de la poudre, pour l'humanité en général et surtout pour ceux qui jusqu'alors avaient été forcés d'exposer tous les jours leur vie dans l'intérêt de la production de la poudre noire.

Comme la dernière période de la fabrication, celle pendant laquelle la poudre devient explosive, est fort courte et n'exige qu'un très-petit nombre de travailleurs, il devient ainsi possible de fournir de très-grandes quantités de poudre selon le besoin qu'on en a, et jusque-là on peut la conserver sans aucun danger en en séparant les éléments essentiels qui, dans ce cas, demeurent inexplosibles.

L'avantage que cette qualité présente pour l'avenir, c'est qu'il suffira, soit pour l'usage industriel, soit pour l'usage militaire, de préparer la quantité nécessaire de poudre explosive selon le besoin qu'on en aura, tandis que le reste sera enmagasiné; de sorte qu'au lieu des milliers de quintaux de poudre noire qui depuis des années menacent leur entourage d'une destruction complète, on ne fera à l'avenir que conserver la préparation presque terminée, mais encore sans danger, dans les dépôts, puisqu'en quelques heures on pourra réveiller en elle la faculté explosive. Ce qui est plus important encore, c'est que cette nouvelle poudre chimique ne déploie sa force explosive que lorsqu'elle est renfermée. Dès que la clôture est nulle ou insuffisante, la poudre ne fait que brûler avec une belle flamme, mais sans produire les effets de l'explosion. Sous ce rapport surtout elle se distingue de la poudre noire ou du coton-poudre, qui tous deux portent en eux un principe de dévastation.

Les essais ont démontré que des masses de notre poudre, d'un quintal environ, contenues dans des caisses de bois se sont consumées simplement sans produire d'explosion; ainsi un quintal de la nouvelle poudre employé à faire sauter une palissade est resté sans résultat et n'a fait que la noircir. Par conséquent des magasins de poudre légèrement construits et remplis de notre produit ne feraient que brûler, dans le cas où la poudre s'enflammerait, mais sans répandre de danger autour d'eux comme tant de poudrières qui de nos jours ont amené par leur explosion de si terribles catastrophes. Si donc la nouvelle poudre ne peut être employée pour faire sauter une palissade, à cause de la propriété qu'elle a de n'être explosive que lorsqu'elle est hermétiquement enfermée, en revanche elle a l'avantage de ne présenter aucun danger ni dans le transport, ni dans l'enmagasinage, avantage inappréciable pour tous et surtout pour ceux qui sont appelés à la fabriquer ou à s'en servir. Le sinistre qui a eu lieu récemment dans une mine des bords du Rhin, dans lequel le dépôt souterrain de poudre fut allumé par le feu grisou et causa la mort de plus de trente mineurs, n'aurait pu avoir lieu si notre nouvelle force eût constitué ce dépôt; on aurait eu tout au plus quelques brûlures à déplorer. La terrible explosion d'Erith, qui en octobre 1864 a terrifié toute l'Europe, n'eût produit, avec notre poudre, qu'un simple incendie.

La question du prix de revient n'a pas été prise en considération avec moins de sollicitude. La nouvelle force motrice, pour la guerre, la chasse ou les mines, est à beaucoup meilleur marché que la poudre noire. Ainsi, par exemple, sur neuf millions de francs auxquels s'élève la fabrication de la poudre en France par an, l'État ferait, par l'introduction de notre poudre, une économie positive de trois millions. Si l'on estime en outre la consommation de poudre de la Grande-Bretagne, de la Russie, de l'Allemagne, et des autres pays de l'Europe à une somme analogue, ce qui, en tout cas, n'est pas exagéré depuis l'élan pris par les chemins de fer et par l'exploitation des mines, on aura en somme pour l'Europe une économie de 15 millions de francs, somme qui pourra être plus utilement employée à d'autres usages.

La nouvelle poudre chimique n'a pas seulement trouvé un accès favorable auprès du public et pour la chasse, mais son efficacité et son prix minime ont été constatés par des essais tentés dans les espèces rocheuses les plus diverses, ce qui démontre d'une manière éclatante que la souplesse de notre produit peut rivaliser avec celle de la poudre noire. Ce qui est plus important encore, ce sont les essais faits et continués jusqu'à aujourd'hui par le gouvernement prussien et par le gouvernement français, qui ont nommé à cet effet des commissions spéciales. Ces essais ont mis d'abord hors de doute la vitalité de notre produit, démontré sa plus grande aptitude pour les mines ou pour la chasse, et sont poursuivis dans le but de l'approprier aussi généralement à l'usage militaire (1).

Malgré tant de résultats favorables, malgré le jugement d'un grand nombre d'hommes compétents qui reconnaissent que notre nouvelle poudre est appelée à remplacer un jour l'ancienne sur tous les points, l'inventeur avoue cependant qu'il lui reste encore une rude tâche à accomplir, et un grand nombre de difficultés et d'obstacles à surmonter. Il ne lui suffit pas, après un travail de dix ans, d'avoir résolu les problèmes scientifiques les plus difficiles, il est nécessaire encore que ses contemporains comprennent, apprécient et approuvent son idée, qu'ils apprennent à connaître les résultats obtenus, en un mot, qu'ils adoptent son invention et reconnaissent en elle un progrès économique important, et un bienfait philanthropique.

Ici, comme partout, le plus grand ennemi sera le préjugé, la puissance de l'habitude, ennemi d'autant plus dangereux qu'il a pour auxiliaire cette force d'inertie qui s'oppose à

____

(1) Voir à l'Appendice l'article d *Moniteur universel* du 27 janvier 1863.

toute transition des choses anciennes aux choses nouvelles. L'inventeur a d'ailleurs contre lui la peur, l'appréhension toute naturelle que cause au public une nouvelle force dont les qualités ne sont pas encore connues, ainsi que certains intérêts privés lésés par l'apparition d'un nouveau produit dont la souplesse n'a été encore éprouvée ni par les fonctionnaires, ni par les industriels. La forme même de notre poudre, quelque peu importante qu'elle soit, ne sera pas sans faire naître quelques scrupules. Les mineurs ou les artilleurs habitués à la fumée épaisse de la poudre noire se sentiront dépaysés à l'aspect d'une fumée légère, se dissipant instantanément, permettant au mineur de reprendre son travail sans perte de temps, et ouvrant à l'artilleur la perspective du but où il vise. Tous deux se plaindront du manque de fumée parce que dès leur enfance ils y sont habitués, et ils préféreront d'abord les gaz d'acide sulfurique au manque de gaz. Enfin la couleur jaunâtre de la nouvelle poudre étonnera ceux qui, considérant la poudre à canon comme nécessairement noire, refuseront ce titre à un nouveau produit qui ne s'adapte pas à leur notion.

A tous ceux-là nous répondrons : Considérez le nouveau produit comme vous voudrez! L'important, c'est qu'il représente une nouvelle force, une force absolument analogue à celle de la poudre noire, servant aux mêmes usages, présentant les mêmes qualités, mais dépourvue de ses défauts. L'important est que ce nouveau produit soit à la hauteur des progrès industriels et militaires de notre temps, et qu'il constitue le véritable substitut d'une force vieillie qui, comme la poudre noire, ne répond plus ni aux exigences morales ni aux perfectionnements techniques de notre civilisation.

APPENDICE

—

Dans notre brochure allemande, nous avons donné sous forme d'appendice :

1º Les attestations d'un grand nombre de directeurs de mines de la Silésie et de la Westphalie, qui ont employé et emploient tous les jours davantage, avec le plus grand succès, notre poudre de mine ;

2º Les certificats de plusieurs forestiers, armuriers et chasseurs, qui ont définitivement adopté notre poudre de chasse et de tir, et n'en veulent plus d'autre ;

3º Et enfin un article du *Moniteur universel*, qui a constaté la prise en considération de notre produit par le gouvernement français.

C'est le seul que nous croyons devoir citer dans notre traduction française :

« Une découverte qui peut acquérir une haute importance vient d'être soumise au gouvernement de S. M. l'Empereur. Il ne s'agit de rien moins que d'une nouvelle poudre à canon, destinée à remplacer l'ancienne, aussi bien comme poudre de guerre que pour l'usage des mines et de la chasse.

« L'inventeur, M. le capitaine Édouard Schultze, de l'artillerie prussienne, après avoir fait à Berlin de nombreux essais pour le compte de son gouvernement, a pris un congé pour se consacrer entièrement à son invention, et il est venu demander à la France la sanction de ses autorités militaires et scientifiques. La commission qui a examiné la nouvelle poudre a constaté qu'un grand pas a été fait par M. Schultze vers la création d'une nouvelle force ballistique, mieux appropriée que l'ancienne au perfectionnement des armes modernes. A la suite des expériences préliminaires faites en présence de l'inventeur, le gouvernement français a pris la résolution de faire exécuter les essais sur une base plus large. Le nouveau composé comprend les éléments de l'ancienne poudre, mais il en éloigne les parties superflues ou nuisibles en y ajoutant un principe tout nouveau. Parmi les avantages qu'il présente sur les poudres actuelles, on compte celui de se fabriquer, de se conserver et de se transporter sans danger d'explosion, jusqu'au moment où une dernière et rapide opération le rend apte à l'usage des armes à feu. Sous ce rapport, la nouvelle poudre sera un progrès apprécié par les ouvriers qui préparent ou transportent cet agent si dangereux à manier.

« Elle produit beaucoup moins d'encrassement que l'ancienne poudre, et ce défaut était de nature à entraver longtemps les progrès des armes rayées.

« La fumée produite par la combustion de la poudre Schultze est d'une pesanteur spécifique si minime qu'elle se dissipe instantanément. Cet avantage, qui a été constaté dans un grand nombre de mines d'Allemagne où le nouveau produit a été essayé, sera apprécié par tous les hommes spéciaux, qui savent combien la présence d'une fumée épaisse ajoute aux difficultés des travaux exécutés dans les souterrains, les casemates, les tunnels, etc.

« Mais ce qui peut décider avant tout les gouvernements et les particuliers à adopter la poudre Schultze, c'est son prix de revient, qui est à peu près moitié de celui de la poudre ordinaire.

« Le gouvernement français, par exemple, ferait une économie de plusieurs millions. »

(MONITEUR du 27 janvier 1863.)

TABLE

—

Evreux, A. Hérissey, imp. — 1065.